＼ 今日からカンタン！ ／

自宅で学ぶ本格武道

おうち で 居合道

OUCHI DE IAIDO

末岡 志保美

Shihomi Sueoka

体育とスポーツ出版社

はじめに In the beginning

2020年、突如現れた新型コロナウィルスの影響により、多くの人が生活や仕事のあり方を変えることを求められました。今まで歩んでいた道が止まったような感覚を持ったのは私だけではないはずです。

それまで指導をしていた稽古生の皆さんが少しでも以前と同じ習慣を持つことが出来たらと、日頃指導を行っていた方を対象にオンライン上での稽古を行いました。また一緒に稽古が出来る日を待ち望みつつ、励まし合いながら稽古に取り組みました。

その様子を自身のSNSへあげると、会ったことのない方から"やってみたい"という声を頂きました。次第にその数は増え、中には海外からのメッセージも。
「いつか居合道を学びたいと思っていた」「武士のような人間になるのが夢なんだ」
「1日でも早く日本へ行きたいー」

突き動かされる衝動にかられました。
多くの人が先の見えない不安な日々を送っている時だからこそ、居合道を学んでいる人間として何か行動をしなくてはいけないように感じました。

私は、オンラインで学ぶ居合道の稽古をさらに拡大すべく、所属する新陰流協会へ申請の上、オンライン講座「おうちで居合道」を開設することにしました。

しかし、いざオンライン講座を拡めるにあたっては、それまで以上に安全面に考慮した上で、初めて学ぶ方もより分かりやすく、また正しく居合道を学ぶことのできる方法を確立する必要がありました。

一番悩んだのは、使用する道具のこと。一般的な居合道の稽古で使用する刀は自宅で扱うには長く、安全面において望ましいものではありません。
とはいえ、刀以外のものを使ったり体を動かすだけの稽古だけでは、刀が育んでくれる正しい体の動きがつかみにくいものとなってしまいます。

試行錯誤の末に見つけたのが、PP（ポリプロピレン）製の刀です。軽量かつ丈の短いその刀は、ご年配の方やお子さんでも安心して稽古が出来る、まさにどなたでも居合道を学ぶことができる大変良い道具であると感じました。

一方、内容においては、道具を使わない稽古もふんだんに取り入れました。スポーツトレーナーの経験から、もともと指導に意識的に柔軟やトレーニングを取り入れていた私ですが、それらをオンライン講座にも取り入れることは、稽古を行いにくい状況での上達を可能にするだけでなく、外出することが難しい方などが運動不足を解消する鍵であると考えたからです。

また、居合道を学んでいる方の中には、腕の力に任せて刀を振ってしまったり、体勢を崩して刀を扱う様子もしばしば見受けられました。居合道で重要視するのは、"いかに姿勢を崩さず全身の力が使えるか"ということ。まずは自分の身体を正確に動かし、それを刀に伝える感覚が必要になるのです。

居合道は、かつて武士や剣豪と呼ばれた人達が生涯をかけて学んだ伝統武道です。そんな居合道を学ぶことは、剣の技を身につけるだけでなく、体力や精神性など、現代を逞しく生き抜くために欠かせないものをもたらしてくれるはずです。

本書は、オンライン講座「おうちで居合道」を開設する中で構築した自宅での居合道学習メソッドを同じく『おうちで居合道』と銘打ち、その内容を解説する一冊となっています。

道着の着方や礼法に始まり、基礎鍛錬や体さばきなどの自宅でできる居合道の稽古方法を紹介していきます。居合道をすでに学んでいる方やこれから始める方にとって意義があることはもちろん、そうでない方にとっても、運動不足解消や文化学習などにおいて役立つものになるよう意識をして作りました。

さあ、「おうちで居合道」で一緒に武士の世界を探究しましょう。

新陰流協会　末岡志保美
Shihomi Sueoka

目次 | Contents

第1章ー導入編　準備をする
CHAPTER 1 Introduction: Get ready for practice

第2章ー基礎編　体の使い方を学ぶ
CHAPTER 2 Basics: Learn body movements

居合道って何? What's IAIDO?

おうちで居合道を学ぶ前に、まずは居合道について知りましょう。
いつからある武道なの? どんなことをして稽古をするの? 居合道の歴史や
成り立ちを交えて紹介していきます。

武士の時代から伝わる伝統武道
Martial arts descended from samurai period

居合道の起源は戦国時代頃と言われています。
戦場を生き抜く武士や剣士達が、自分の身を守る為、そして
身の周りの人を守る為の術として学んでいました。

戦国時代に芽生え様々な流派が誕生した居合道は、泰平の
世である江戸時代になると、武士を中心により拡くそして
理論的に深められていきました。

左腰に差した刀を抜き、技を発揮した後に再び納めていく──。

そんな武士の技である居合道
は、何百年という時を経て、武士
という身分がなくなってもな
お、現代でも老若男女問わず多
くの方に学ばれ続けています。

型稽古を中心とした学び
Learning mainly from practicing kata, iaido forms

近年、何かと話題の"型"という言葉。居合道は、その"型"を中心に学びを深めていきます。"型"とは、あらかじめ決められた一続きの動きのこと。その"型"を繰り返す"型稽古"という学び方は、体の使い方を掘り下げていくことのできる有効な手段として、一部の空手や中国武術などでも重要視されています。

"型稽古"を学びの中心とする利点の一つは、一人でも深めることができるということ。相手がいない状態でも出来るので、時間や場所を問わずに稽古を行うことが可能です。一人で、より集中をした状態で同じことを繰り返すからこそ、動きの質を洗練させることができるというもの。

居合道は、しばしば剣術という相手をつけた稽古と併せて学ばれることもあるのですが、一人での型稽古により動きの質が深められていることで、相手がついた際にもそれが技として正しく発揮されるようになるのです。

刀を用いて身体の使い方を育む
Learning how to move your body with a sword

居合道のもう一つの大きな特徴は、"刀"を使い稽古をするということ。

現代では、武道や殺陣の稽古などを除き、戦国時代のように刀を使う機会は基本的にはありませんが、刀の使い方を学ぶことは体の使い方を育む上で大変重要な役割を果たします。例えば、刀には刃といった物などを斬るための部分がありますが、その刃の通る軌道（刃筋）を真っ直ぐに通しながら刀を振るためには、腕力や瞬発力に頼らない体の使い方を身につける必要があります。がむしゃらに力を入れた刀の振りは、刃筋が通らないどころか、刀を折ったり傷つけてしまうことにも繋がってしまうのです。

さらには、刀を抜き納めをする抜刀や納刀も、身体の動きを育む上では大変重要な要素。居合道では、腰にさした刀を抜き、技として発揮した後に納めるまでの一連の動きを"型"とするのですが、これを姿勢を崩さずに行うのはなかなか難しいもの。少しの崩れも起きないように納刀や抜刀を行うことが、技を発揮する上での正しい動きを育むのです。

居合道って何? What's IAIDO?

刀を使うだけに止まらない武士の技
Samurai skill without a sword

刀を使うイメージが強い居合道ですが、その稽古の目的は決して刀を使いこなすことだけではありません。前ページでも述べたように、技を発揮する上での身体の使い方を育むことが、刀を使うことの一番の狙いです。

実は、武士や剣士が学んでいた古武術である居合道の流派の中には、剣道をはじめとして、柔道や合気道のルーツになったものもあると言われています。姿勢を崩さず、腕力などに頼らない全身を使った身体の動かし方やその理論は、使用する道具が変わったり素手の状態になっても変わらず、相手を制するものとして生かすことができるのです。

武士は基本的には刀を腰にさしていましたが、一角の剣士達は刀で戦うことにこだわっていたわけではありません。刀がない時、またあってもそれを使用せずに相手に勝った話がいくつも存在します。

本書の中でも紹介をしていく新陰流の達人・柳生十兵衛は、手裏剣の名手・毛利玄達との試合において扇子を使用し投げつけられた手裏剣を払い落とし勝利したと伝えられています。

さらに、十兵衛の祖父である柳生宗厳は、刀による打ち込みを素手で制する「無刀取り」を編み出すと、徳川家康に招かれおこなった試合においてその技を披露。練り上げられた技に感服した家康はその場で宗厳に弟子入りしたとも言います。

どんなものでも武器に変え、あらゆる状況に応じる——。刀を使い、緻密に鍛え抜いた技を用いれば、そのようなことも可能になるのです。

人としての心をも育む居合道
Developing your mind by iaido

武士たちが身体の使い方を育んでいた居合道。しかし、居合道から武士たちが学んでいたことはそれだけではありません。"心"の持ち方です。

"心"は、体を動かし、技を発揮する上でも大きな役割を果たします。現代におけるスポーツの世界でもメンタルトレーニングが重要視されているように、剣の世界でも"心"はとても大事なものです。

真剣を握り、命懸けの勝負をする際に、足がすくんで動けないようなことがあっては日頃の鍛錬の成果を存分に発揮するどころか、遅れをとり命を落としてしまうことにもなりかねません。それゆえに、居合道の稽古の中では、勝負の場における心の持ち方も非常に重要視され学ばれていました。

一方で、場合によっては人をあやめることもできる技を身につける居合道。学ぶ上ではそれを無用に使うことなく制御するための"心"を同時に身につけることが求められていました。

実際に、武士達は日々、禅や儒学などを深く学びながら自身の武士道を確立しつつその心を身につけていきました。

優れた技を持ちながらも刀を抜かずにその場を治めることが出来ることこそ、本当に目指すべき境地と考えられていたのです。

居合道を学ぶことは、何事にも動じない心を育み、さらには正しく生きるための意識をより培っていくことにつながるのです。

居合道のもたらす効果 Many fruits of IAIDO

居合道で目指すのは武士や剣豪のような強さ。それだけでなく、居合道にはそれ以外にも
学ぶと嬉しいことはたくさん。自分のペースで様々な成果を得ていこう。

集中力アップ！
Enhance the power of concentration

居合道の型稽古では、時に数十本・数百本と同じ型を繰り
返すことがある。また、相手をつけた稽古である組太刀で
は自分の動きに加え相手の動きも確実に見切る必要があ
るので、それに伴う深い集中力が培える。

リフレッシュ・運動不足解消に！
Solve lack of exercise

やるべきことが多くあると、自分の時間を取るのは難しいもの。居合道
では黙想で自分を見つめることから始まり、一つの動きを深める稽古
をするので、終わった後には心身ともにリフレッシュすることが出来る。
また、居合道で行うのは型稽古が中心。それぞれのペースで学べるの
で、自分の状態に合わせて無理なく体力を向上することが出来る。

自分の身を守る術が身に付く！
Acquire the art of self defense

居合道は、武士が戦いの技として学んでいたもの。深く鍛錬
を重ねることで、相手を制する術として活かせるものともな
り得る。しかし護身の一番の心得は、危険を事前に察知し
避けること。その上でも、視野を広く持ちながら行う居合道
の稽古を重ねることで、危険から自分の身を守ることの
出来る観察眼も育むことが出来る。

記憶力向上・認知症予防に！
Heighten the memory and prevent dementia

居合道で行う型には手順が決まっている。手順を覚えることが型稽古の本質ではないが、型に含まれるさまざまな動きを反復することで記憶力向上にも役立つものとなる。さらに、手や指を動かすことは脳が活性化する上でも効果があると言われているが、刀を扱う動きには、"手の内"という握った手の中の動きが含まれるので、認知症予防にもつながる効果が期待できる。

姿勢改善・インナーマッスルの強化に！
Improve posture and strengthen inner muscle

インナーマッスル（深層筋）とは、アウターマッスル（表層筋）の奥に位置している筋肉の総称。大きな力を発揮するアウターマッスルに対し、インナーマッスルは関節を安定させ、姿勢を保持するなどの役割を担う。居合道の動きで重要視するのは、姿勢を崩さないこと。姿勢を保ちながらゆっくり動くため、インナーマッスルをよく使う。

伝統文化学習に！
Learn Japanese traditional culture

400年以上の歴史がある居合道。その技や心得の中には、日本古来の生活様式などに則って作られているものも数多くある。自分が行っている技を通じてそれらを想像してみることで、より実感を持って歴史や文化を見つめることが出来る。

剣豪凄技伝記 Stories of legendary swordsmen

歴史に名を残す武士や剣豪の凄技エピソードをご紹介。
目標は高く、修行を続けて彼らのような強い剣士を目指そう。

一刀のもとに巨岩を斬る

柳生宗厳 やぎゅうむねよし（1527 ～ 1606）

幼少より刀槍の技を学び、やがて新陰流の目録を得ると、「無刀取り」を開発。後に徳川家康の師をも務めた宗厳。そんな宗厳の「一刀石」という伝説。若き日に領内の天石立神社にて夜毎に天狗を相手に修業をしていた時のこと。宗厳のすさまじい太刀筋が天狗を一刀のもとに両断したと思ったら、夜が明けて確認してみるとそこには刀傷が入り両断された巨岩があったという。剣の技を極めた先には、巨岩を斬る刀さばきも身に付けられるのかもしれない。

数百人を相手にたった一人で勝利

宮本武蔵 みやもとむさし（1584 ～ 1645）

13歳で最初の試合をして以来、30歳まで60回近くの勝負を行い一度も敗れたことがなかったという宮本武蔵。そんな武蔵がその名を最初に世に知らしめたのは、21歳の時に京の吉岡拳法一門を破った戦いである。武蔵が遅れてくると予測していた吉岡方は、槍・刀や弓矢をそろえ数百人で洛外一乗寺下り松にて待った。そんな相手の意表をつき、武蔵は前もってその場所に潜むと、相手が到着次第いきなり現れて総大将を斬り、その後慌てる大勢の中を薙ぎ払い逃走させたという。この時武蔵は、袖に矢を一本受けたのみでほぼ無傷だったという。不利な状況においては正面から挑むのではなく、相手の意表をつくこともまた兵法なのである。

超人のような身のこなしと跳躍力

松林蝙也斎 (1593 ～ 1667)
（まつばやしへんやさい）

斬りこんでくる相手の鍔元を足で押さえ踏み落とし、そこから体をふわりと天井近くまで舞い上げる「足鐔（そくたん）」という技を編み出した松林蝙也斎。ある時、川で蛍を眺める松林に対し、門人の一人が後ろから突き倒して驚かせてみようとしたところ、松林はそれを見透かしたように即座に前の岸に飛び移った。その後、門人は腰にさしていたはずの刀をなくしていることに気づき動転するが、翌日、松林から「お主がなくしたのはこれだろう」と刀を渡された。すなわち松林は前の岸に飛びのきつつ刀を奪っていたのだが、あまりの見事なその技に門人は気づくことができなかったのである。

盲目のハンデを物ともせず蒔の一撃で巨漢を倒す

富田勢源 (1524頃 ～ ?)
（とだせいげん）

眼病を患い、一説には盲目に近かったといわれる富田勢源。しかし剣の技量は高く、特に小太刀の名手として広く知られていた。そんな勢源に巨漢の梅津兵庫という者が試合を申し込んだ。試合当日、長大な木刀を携えた梅津に対し、積んである黒木の薪の中から短い割り木を取り出し、勢源は悠然と立った。試合が始まるやいなや、梅津は勢源に一気に二の腕を打ち込まれ、さらには頭も斬られて血だらけになり、持っていた木刀も足で真っ二つに折られてしまった。完全な勢源の勝利となった。

七日七夜不休の稽古をし続ける精神力

山内容堂 (1827 ～ 1872)
（やまうちようどう）

土佐藩藩主をつとめた山内容堂といえば、十五代将軍徳川慶喜に大政奉還を建白し、政権を平和的に朝廷へ返上することにおいて大役を果たしたことでも知られる。そんな容堂は時には、七日七夜の間、休みなしで居合の技を抜き続けるという猛稽古を行うこともあったと言われる。数人の家来がそれに参加をすることもあったが、ほとんどの者は途中で倒れてしまい最後までついてくることはできなかったという。居合で鍛えた体力・精神力があったからこそ、容堂は幕末に並み居る諸侯の中でも重きをなす存在になったと言えるかもしれない。

おうちで居合道の3つの工夫
Three devices of OUCHIDE IAIDO

居合道を自宅で学べる居合道学習メソッド『おうちで居合道』の工夫をご紹介。
キーワードは、「どなたでも」「安全に」「正しく」居合道を学べること。
無理のない稽古方法で思う存分に稽古に励もう。

道具

> 自宅に刀を振るスペースがない・・・

> 通常の刀では重くて大変・・・

1 安全性を重視した道具
Tools for safe practice

『おうちで居合道』で使用するのはPP（ポリプロピレン）製の脇差。軽量かつ丈が短く、万が一人やものに当たっても怪我や破損のリスクが少ない素材の刀を使用します。その為、稽古スペースの取りにくい家の中でも稽古が可能になる上、刃物を使うのが危険なお子さんや握力の弱いおばあちゃんやおじいちゃんでも安心して稽古に取り組むことができます。また、重い刀を持つことで一杯一杯になってしまう方にとっても、軽い道具だからこそ体の動きにより集中が出来るという利点もあります。

なかなか稽古時間がとれない・・・

ただただ刀を振っているだけになりやすい・・・

2 体の動かし方に特化した内容
Contents focused on how to move your body

『おうちで居合道』では、刀を使う稽古だけではなく、柔軟や基礎鍛錬、体さばきなど、体の使い方を育む稽古にもふんだんに取り組みます。刀を持つと、つい腕力に頼って振ったりそれに伴い姿勢を崩しやすいもの。刀を使わない稽古にも併せて取り組むことで、さらに体の動きをしっかり育み、刀をより確かに使うことが出来るのです。また刀を持っていない時でも出来るからこそ稽古の量も増え、結果として技の上達にもつながるはずです。

一人で集中をするのはなかなか難しい・・・

学習方法

お手本の動きを見て学びを深めたい・・・

3 一人での学びを導くサポート
Support to guide self-training

居合道が一人で学べる武道とは言え、自分だけでは稽古に打ち込みにくいもの。『おうちで居合道』では、一人で取り組む中でも講師と一緒に稽古をしている感覚が持てるよう、動きのある動作は全て動画つきにしました。手本にペースを合わせて繰り返し技を行う"抜きあわせ"という稽古方法が行える動画も掲載しています。道場へ通えない方はもちろん、道場で稽古をされている方がさらに稽古の機会を増やす上でも最適です。4章で紹介するリモート組太刀では、画面越しに学ぶ組太刀として、打太刀（相手）の動きも解説。一人で育んだ技を、相手の動きを観察しながら発揮をする稽古が出来ます。

おうちで居合道の基本構成

Basic construction of OUCHIDE IAIDO

黙想　Meditation

自分と向き合い心を落ち着けることで、より集中して稽古に取り組むことのできる状態を目指します。

柔軟・基礎鍛錬

Flexible exercise and Basic training

居合道に取り組む上で必要な柔軟性と姿勢を支える筋力を培います。

体さばき　Body movement

刀を使わずに行う体の動きを通じて、刀を扱う上で重要な体の使い方を深めます。

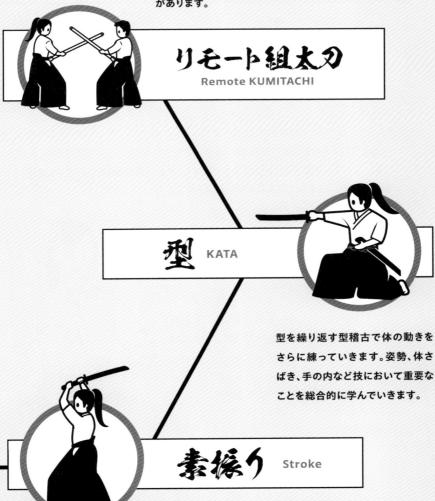

学んだ技を画面上の相手に合わせて発揮をします。
自分だけでなく相手の動きにも意識を向ける必要
があります。

リモート組太刀
Remote KUMITACHI

型　KATA

型を繰り返す型稽古で体の動きを
さらに練っていきます。姿勢、体さ
ばき、手の内など技において重要な
ことを総合的に学んでいきます。

素振り　Stroke

体さばきで練った体の動きを刀に伝える練習
をします。回数ばかりが多い漫然とした素振り
にならないように注意。

おうちで居合道の上達の秘訣5撰

Five points to get better in practising OUCHI DE IAIDO

1 手足ではなく腰で動く

Make your waist lead body movement without relying on power of the limbs

『おうちで居合道』で目指すのは、”腰”を中心とした動き。これは、一般的に行われる「歩く」「しゃがむ」などの動きとは異なるので注意。腰を中心に動くことで姿勢が崩れず、全身の動きとして技を発揮することが出来るようになる。また同様に、腕を動かすことで姿勢が崩れないよう、腕すらも腰で導くような意識が必要になる。

2 体の動きを刀に伝える

Convey body movement to a sword

刀を振る動き自体は、少しの力があればできないということはない。しかし独特な形状の刀に体の動きを伝え、強力な太刀筋となるように動かしていくとなると難しさは格段と上がる。

大事なのは、「姿勢」と「体さばき」と「手の内」。何十年という稽古の中で、その関係性を深めよう。

『おうちで居合道』で取り組む型稽古では、決まった動きを繰り返して稽古をする為、場合によっては漫然と繰り返されることにもなりやすい。ここでは、居合道で上達をしていく上で重要な要素を5つご紹介。とりわけ大事な"腰で動く"ということを根本に、修行を開始しよう。

3 座った状態からも崩れず技を発揮する
Deliver a stroke in a sitting position without breaking the balance

居合道には立った状態から技を発揮する立技に加え、正座の状態から技を発揮する座技がある。正座の状態から姿勢を崩さず立ち上がりつつ技を繰り出すためには、筋力や瞬発力だけに頼らない居合道ならではの体の使い方を身につけることが必要になる。

4 深い集中を絶やさない
Maintain concentration

繰り返し型稽古を行う中では、長時間に渡って体の感覚に深く意識を向け続ける必要がある。刀の抜き納めや振る動作の中で、「体のどこから動き始めるか、またその体がどのような動きをするか、そして刀にどのように伝わるか−」。本数を重ねるに連れて、それらの関係性をさらに掘り下げていく必要がある。

5 相手がついても自分の動きを意識する
Be conscious of yourself even when practicing with an opponent

『おうちで居合道』では、相手をつけて稽古をすることもあるが、一番重要なのは自分の動きへの意識である。本書で紹介するリモート組太刀では、自分の姿勢や状態に意識をしつつ、相手の気配や刀の動きも見切らないといけない。相手がいると、自分への意識はおざなりにされやすい。体さばきや素振り・型で培った自分への深い感覚を生かし、相手の微妙な機微も見切る稽古をしよう。

本書の使い方 How to use the book

動画の見方
How to watch the movie

動作を含む各稽古方法は全て動画付き。スマートフォンなど機器でQRコードを読み取り、動作を確認しましょう。その中には、お手本にペースを合わせて一緒に稽古を行う「抜きあわせ」用の動画も。反復する中で技を深めましょう。

腰マーク
Waist marks

2章から始まる体の使い方には、体の動かし方として「腰マーク」のイラストを併記。「身体」は、体の断面図。左腰ならび右腰を入れる方向や中心軸を移動する方向も加えました。深く自分の体と向き合いながら技を研究する為の材料にしてみてください。

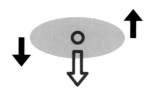

 身体 Body

 腰を入れる方向
The direction to push out the waist

 中心軸 The central axis of the body

 中心軸を移動する方向
The direction to move the central axis

動作や手順に関する
ポイント

Points of the movements
and procedures

各技には動作や手順に関するポイントを記載しました。動作を行った後に、ポイントをふまえて自分の体の状態を確認しましょう。ただ、形が合っているかは正しい技を行った結果としてのもので構いません。こうしようと思い過ぎず、根本である姿勢や動き方に意識を向けましょう。

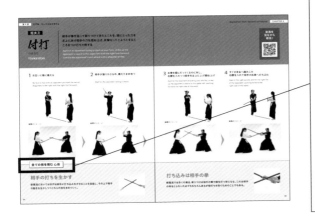

全ての技に通じる心得

Common points for all techniques

実技ページには「全ての技に通じる心得」というコーナーを用意しました。ここには、正しい動きを育むために必要になる心得を記載しました。いくつも型があると、つい多くの型を覚えることに意識が向いてしまうもの。稽古が単なる手順の暗記にならないよう、一つの動きを深く掘り下げて稽古を行いましょう。

リモート組太刀について

About remote Kumitachi（remote practice with an opponent）

第4章では、画面越しに相手に対応する"リモート組太刀"をご紹介。オンライン上や動画の相手に対して技を発揮する鍛錬をしましょう。PP刀を使用した使太刀（技を使う方）の動きと併せて、袋竹刀を使用した上での打太刀（相手）がついたイメージも掲載しました。

指定の道具を使いましょう
Use specified tools.

本書では、ポリプロピレン製の脇差を使用する前提で稽古方法をご紹介をしております。稽古用に確保をされていない自宅で木刀や居合刀・真剣を使用する行為は危険ですので控えましょう。また、ポリプロピレン製の脇差以外のもので稽古をする場合も、長さは指定の脇差に出来る限り近いもの、短くても金属など硬い素材のものは避けましょう。

安全な場所・環境を確保しましょう
Practice iaido at a safe place.

使用する道具がポリプロピレン製の刀とは言え、あたれば人に怪我をさせてしまうことや物を壊してしまうこともあります。出来るだけ物が置いていない場所、人や動物などがいない場所を選んで稽古をしましょう。人が急に入ってくる可能性があるので、部屋の出入り口も避けましょう。畳2畳分以上のスペースがとれることに加え、出来ればぶら下がり照明器具でないことが理想です。

稽古は無理をせず行いましょう
Don't push yourself too hard.

体調が優れなかったり体の違和感がある中で稽古を続けることは、修行の成果を半減させてしまうだけでなく調子や状態を悪化させることにもなりかねません。居合道の修行は長い年数をかけてじっくり行うもの。基本的に動きはゆっくり丁寧に。決して無理はしないよう体と相談しながら行いましょう。稽古中は水分補給なども忘れずに。

相手は付けずに行いましょう
Practice iaido without an opponent.

第4章では相手のついた写真とともにリモート組太刀というものをご紹介していますが、本書ではあくまでも一人で行う為のものとして紹介しております。日頃から相手をつけて稽古を行っている方同士の場合を除き、不用意に相手をつけて稽古をするのは事故につながる危険性もありますので、ご注意ください。

準備をする

Introduction:
Get ready for practice

第1章

導入編

体を動かす前にまずは稽古の準備から。必要な道具や道着の着方、黙想や礼法の手順をご紹介します。

CHAPTER 1

道具を揃える　Prepare tools

まずは稽古をする上で必要な道具を揃えよう。
今回は、居合道の型稽古に最低限必要な、「刀」「道着」「帯」の3点をご紹介。
数ある道具の中から、初めて居合道を始める方にもお求めやすいものを選びました。

刀 KATANA
sword

居合道の稽古において重要な役割を果たすもの。
刀を使うことで、技の上で重要な体の使い方を育むことができる。

稽古用PP脇差
E-BOGU　3,510円（税込）

耐久性のあるポリプロピレン素材。自宅などでの型の練習に最適です。刃紋（刀に入った模様）も再現してあります。

前半の基礎鍛錬や体さばきは刀がなくても実践できます。また刀を使う後半のパートも、サランラップの芯や新聞紙を筒状に丸めたものなどを代用しても稽古が可能です。

道着 DOGI
iai uniform

武道と言えばこれ。上衣（じょうい）を着た上に帯を締め、袴（はかま）をつける。普段着から道着に着替えることで、稽古に対する心の切り替えもしやすい。

徳用居合道衣・袴セット
東山堂
メーカー希望小売価格　13,750円（税込）

コストパフォーマンスの高いポリエステルを使用。前後の内ヒダにステッチ加工を施してありますので型崩れしにくくなっています。幼年から一般の方までに幅広く人気の製品。

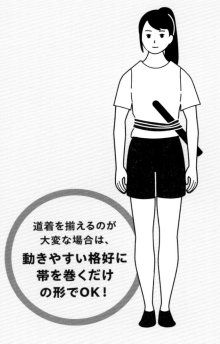

道着を揃えるのが大変な場合は、**動きやすい格好に帯を巻くだけの形でOK！**

帯 OBI
belt

刀を腰に差すために必要なもの。男性用の角帯でも代用が可能。

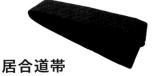

居合道帯
東山堂
メーカー希望小売価格　2,860円（税込）

ベーシックな木綿製の居合道帯。柔らかく安定して締めることができます。中心は芯が入っており腰を安定して支えることが出来る一方、両端は芯を入れていないのでとても締めやすい帯です。

道着を着る Wear iaido uniform

道具が揃ったところで、今度は道着の着方を覚えよう。特に苦戦しやすいのは袴の付け方。
ただ一度覚えてしまえばそこまで難しいものではないので、反復をしながら少しずつ慣れていこう。

道衣を着る

1 道衣に腕を通し、右の身頃が手前（自分側）になるように合わせ、「蝶結び」で結ぶ。

2 左の見頃を上に合わせ、紐を「蝶結び」で結ぶ。

帯を巻く

1 帯の一方を少し残した状態（2〜30cm程）で左腰に当てる。

2 腰に当てた部分の上に3〜4重巻きつける。
（巻く回数は体型により異なる）

3 残した端で巻いてきた帯を下から覆い、「固結び」もしくは「蝶結び」で結ぶ。

4 結び目を右手で持ち、背中側へ回す。

袴をつける

1 袴の前側（ひだが5本ある方）を持って片方ずつ足を通し、真ん中のひだを体の中心に合わせる。

2 左右の紐（前紐）を後ろで交差させる。

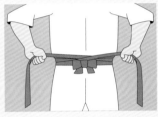

3 交差させた前紐を前へ戻し、斜め下方向へ引っ張りながら再び交差する。

4 前紐を後へ回し、緩まないように蝶結びをする。

5 腰板を立て、腰板についているへらを帯に差し込む。

6 袴の後ろ側の左右の紐（後紐）を前に回し、一度結んでからきゅっと結び目をしめ、上側の紐を上にするように立てる。

7 上の紐で結び目全体を包むように覆い、きゅっと結び目を引き締める。

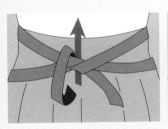

8 上側にある紐で覆うように下側の紐と結び合わせる。

※結ぶ際、上側の紐がしっかり出るように結び目を整えながら結ぶと結び目がきれいに仕上がる。

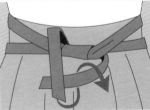

9 後紐の余りを下辺の前紐に巻き付け、完成！

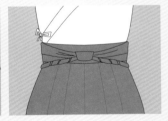

袴の紐の結び方には様々な種類がありますが、本書では武道の稽古で用いられることの多い「駒結び（こまむすび）」をご紹介しております。

刀の部分名称を覚える
Remember the names of the parts of a sword

鍔 TSUBA
guard

刀の持ち手についている平たい金具。
敵の刀から自分の拳を守る役割を持つ。

この部分に由来する言葉
鍔迫り合い
TSUBAZERIAI

柄 TSUKA
hilt

刀を使用する上で握る部分。一般的
な刀では、堅木という硬度の高い木材
に鮫皮を張った上に、柄糸と呼ばれ
る帯状の細い紐が巻いてある。

鞘に装着して用いる紐。
鞘と鍔を結び、不意に刀が抜けるのを防ぐ他、
解いて襷として使う場合もある。

下緒 SAGEO
cord

道着の着方が分かったところで、今度は稽古で使用する刀の部分名称を覚えよう。
刀には現代のことわざや慣用句の由来になっている部位や性質が多くある。
日本語の勉強もしながら、楽しく部分名称を覚えよう。

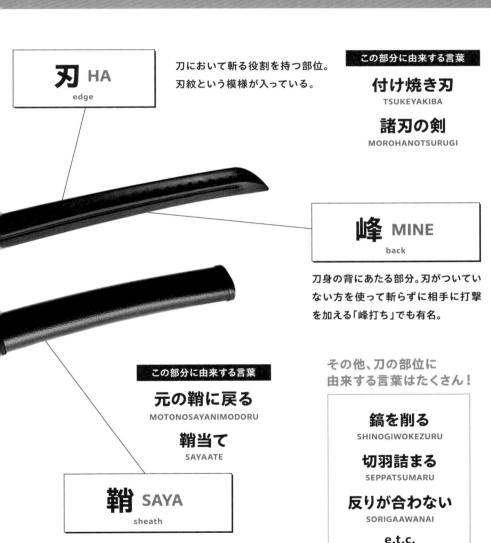

刃 HA
edge

刀において斬る役割を持つ部位。
刃紋という模様が入っている。

この部分に由来する言葉

付け焼き刃
TSUKEYAKIBA

諸刃の剣
MOROHANOTSURUGI

峰 MINE
back

刀身の背にあたる部分。刃がついてい
ない方を使って斬らずに相手に打撃
を加える「峰打ち」でも有名。

この部分に由来する言葉

元の鞘に戻る
MOTONOSAYANIMODORU

鞘当て
SAYAATE

鞘 SAYA
sheath

刀の刀身の部分を納めておく筒。

その他、刀の部位に由来する言葉はたくさん！

鎬を削る
SHINOGIWOKEZURU

切羽詰まる
SEPPATSUMARU

反りが合わない
SORIGAAWANAI

e.t.c.

黙想

もくそう
Meditation

稽古を始める準備ができたら、今度は稽古に取り組む上での心を整えよう。姿勢と呼吸に深く感覚を研ぎ澄ますことで、自分の内側に目が向けやすくなる。

呼吸

呼吸は長い鼻呼吸を心がける。また等速度に、滞ることがないように意識をする。現代人は呼吸が浅くなりやすい。本来、息を吸う際は横隔膜が働くが、浅い呼吸では、首周りの斜角筋や僧帽筋が使われやすくなる。それらの筋肉が過多に使われると肩こりや首こりになりやすくもなる。息を吸うことで肩が上がり過ぎないよう、前後左右に大きく胸が膨らむように意識をしよう。

姿勢

座った姿勢は、立った姿勢以上に背骨に意識が向けやすい。腰から真っ直ぐ正すように、自分の姿勢に目を向けよう。両かかとの上に頭がくるように姿勢をとる感覚が良い。

1 正座をして背筋を伸ばす

Sit in a kneeling position with a straight back.

考えること

黙想の間に考えることに、これでないといけないという指定はない。しかし、何を考えてもいいと言われてもどうしたらいいか戸惑うもの。まずは自分の考えていることや感じていることをありのまま捉えるところから始めよう。

2 目をつむり（もしくは目線を下に落とし）、深い呼吸を繰り返し心を落ち着ける

Close your eyes and compose yourself repeating deep breathing.

正座ができない人はあぐらでもOK！

おうちで居合道的理想の黙想（一例）

1 自分の考えていることを捉える

今日あった出来事などを思い出しながら今の自分の考えていることや感じていることを捉える。思うように行かないことがあれば、それもありのまま受け止めよう。

2 自分のなりたい姿を想像する

今の自分の考えていることを捉えることができたら、今度は自分の目標や理想としている姿を思い浮かべよう。「誰かが困っている時に手を差し伸べられる自分」「何事にも動じない自分」など、自由に想像しよう。

3 その2つを線でつなぐ

それぞれを点で想像したら、その2つを線でつなごう。現状を知る・目標を描くだけではそれに向けて何をすれば良いかが不明確。点を点をつなぐことでそこに線が生まれ、歩く人がいることで線が道になる。止まっても、迷ってもいい。黙想を通じて自分だけの道を見つけ、その道で一歩ずつ歩みを重ねよう。

礼法 The ritual of iaido

刀礼
始めの礼法

1 左手に刀を持つ

Hold your sword with the left hand.

2 刀を腰の高さに上げる

Raise the sword at the level of the waist.

3 右手に刀を持ち刀を立て、左手を下に添える

Hold your sword with the right hand placing the left hand at the bottom.

4 柄を右手に向け、礼をする

Lay the hilt to the right and bow.

刀礼
終わりの礼法

1 刀に左手をかける

Place the left hand on the sword.

2 左手からついでに刀に右手をかけ、下緒を外す

Hold the sword with the right hand and take off the cord with the left hand.

3 刀を持っている右手に下緒を渡す

Pass the cord to the right hand.

4 刀を鞘ごと抜き出し、刀を立てる

Take out the sword and stand it.

座礼

1 正座になり、姿勢を正す

Sit in a kneeling position and straighten the back.

2 両手の人差し指を揃えて床をつく

Put forefingers of both hands together on the floor.

武道で重要視される礼法。それは稽古ができる環境に感謝をするだけでなく、技の鍛錬を通じて正しい心構えを培うために欠かせないもの。稽古前には始めの刀礼を、終わる前には終わりの礼法を行います。道場や場合により、その前後に座礼を行う場合があります。

5 左手で帯の中心を空け、刀を帯に差す
Make a space inside the belt with the left hand and put the sword into it.

6 下緒を後方に流し、鞘の上からかける
Put the cord on the sheath.

7 一度両手で抑える
Hold your sword with both hands.

8 右手から順に両手を外す
Lower the right hand first, and the left hand.

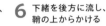

動画を見ながら稽古!

5 はじめの礼法と同様に、礼をする
Lay the hilt to the right and bow.

6 再び刀を立てたら、右手を中心に使い左手側に流す
Stand the sword again and move the sword to the left side mainly with the right hand.

7 鍔を両手で抑える
Hold the guard with both hands.

8 右手を鍔から外し、左手を下へ降ろす
Move the right hand to the right side and lower the sword with the left hand.

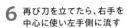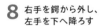

動画を見ながら稽古!

3 ゆっくりと上半身を倒す
Bow slowly.

4 上半身を起こす
Stand the upper body.

動画を見ながら稽古!

コラム① Column 1

ミスキャンパス出身の女性4名が就任！
「おうちで居合道」公式アンバサダーへの期待

2020年4月に生まれたオンライン講座「おうちで居合道」。始動から1年、より多くの方にその存在を知って頂けたらと、ミスキャンパス出身の女性4名の方に公式アンバサダーに就任をして頂きました。

就任したのは高尾美有さん、岡田彩花さん、榊原莉奈さん、野地優奈さんの4名。まだまだ男性の取り組むものというイメージが強い居合道。素敵な4人の姿から、居合道がよりどなたでも学ぶことのできるものになれば嬉しいです。

◀就任時の撮影。長丁場の撮影となりましたが、アンバサダーの皆さんの明るい笑顔でとても華やかな現場でした。

▶2021年5月には、著者とアンバサダー2名でYES-FMのラジオへの出演もしました。

▶1章にて実演のモデルを務めた高尾さん。実は、アンバサダー就任以前から居合道の道を志す女性剣士で、今では初段の資格も持つ有段者。

▼後半の体験ページにてモデルを務める岡田彩花さん。真剣な眼差しが素敵です。

体の使い方を学ぶ

Basics:
Learn body
movements

第 2 章

基礎編

準備を終えたら、いよいよ体の使い方を
学んでいこう。まずは姿勢を確認、正しい
姿勢をとるための柔軟性と筋力を育ん
だ後、体さばきにうつっていく。

CHAPTER 2

姿勢 Posture

腰　体の要と書く漢字からも分かるように、"腰"は大事な場所。腰がくずれると身体全体がくずれることにつながる。腰が前後に傾かないよう、まっすぐ立てよう。腰を立てる目安の一つとしては、骨盤の上前腸骨棘と恥骨という箇所が床に対して垂直であることなどがあげられる。骨盤の前後傾が強いと上体の状態も定まりにくいので注意。なお、"腰"とは、本書では腰椎〜尾骨までの背柱下部に加え、骨盤とその周辺の部位一帯を含めたものと定義する。

骨　骨は、人の体に205〜6個存在し骨格を形成している。骨格は、体の土台であり姿勢の基礎となる。正しい骨格の目安は、横から見た時に外耳孔・肩峰・大転子・膝関節・外くるぶしが一直線になる姿勢。腰を中心に姿勢をとったら、イラストを参考にしながら自分の状態を観察しよう。

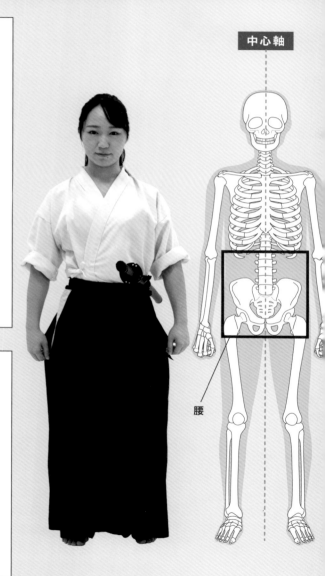

中心軸

腰

競技やスポーツによって理想とされる姿勢は違うもの。ここでは、おうちで居合道
の考える理想の姿勢をご紹介。時間をかけて正しい姿勢を目指そう。

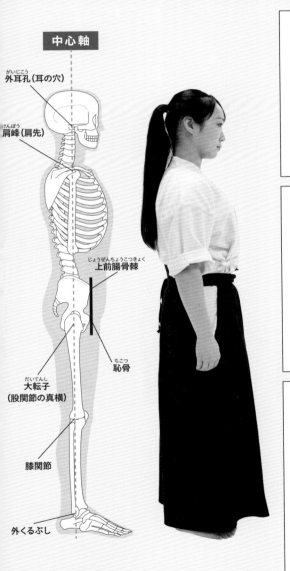

中心軸

がいじこう
外耳孔 (耳の穴)

けんぽう
肩峰 (肩先)

じょうぜんちょうこつきょく
上前腸骨棘

ちこつ
恥骨

だいてんし
大転子
(股関節の真横)

膝関節

外くるぶし

目付け
正しい姿勢をとる上で
も意外と重要な"目付け"は、"視線を
どこに置くか、そしてどのようにとるか"
ということ。一方向に視点を定めたら、
一点をみつめ過ぎないように注意しな
がら、広く視野を持つような意識で目
付けをとる。視野を広く持つことで、自
分への感覚も鋭くなる。

中心軸
姿勢をとったら、"中心
軸"にも意識を向ける。"中心軸"とは、自
分の体の中心を一直線に通る軸のこと。
この"中心軸"を動かすことで体は様々
な方向へ移動することが可能になる。地
面に鉛筆が立っているようなイメージを
持ち、"中心軸"を真っすぐ立てよう。背骨
である脊柱と混同しないように。脊柱は
緩やかなS字を描いているのが理想だ。

重心
姿勢をとった後にもう一つ
意識を向けたいのが"重心"。武道には
じょうきょかじつ
"上虚下実"という言葉があるが、「上半
身は柔らかく下半身はしっかりとる」とい
う意味のこの言葉からも、重心を下へ下
げることの重要性が感じられる。まずは
重心を感じ、前後左右に動かしながらそ
の変化を感じ取ろう。基本の姿勢では、
足と足の中心に重心がくるように。どち
らかに偏らないように注意しよう。

柔軟運動①

屈伸
くっしん
KUSSHIN

誰もが知っている基本の柔軟。膝の曲げ伸ばしで下半身の柔軟性を強化する。現代人が硬くなりやすい大臀筋（お尻の筋肉）と足関節（足首）の硬さが解消できる。

動画を見ながら稽古！

1 まっすぐ立つ

Stand straight.

2 膝に手をあて、膝を曲げる

Place hands on knees and bend them.

3 膝を伸ばす。2.3を無理のない範囲で数回繰り返す。

Stretch knees, and repeat 2 and 3.

かかとが浮かないようにする

膝が内側に入らないようにする

苦手な人はこれから

片足ずつかかとを床につけ体を前に倒す

全ての技を育む心得

関節の機能を知る

骨と骨をつなぐ各関節にはそれぞれに異なる機能がある。例えば、肩関節・股関節・足関節などは様々な方向に動かすことができる一方、肘関節や膝関節は基本的に曲げ伸ばしのみを行う。それらの違いを理解しておくことで運動中の怪我の予防に役立つ他、より大きく効率的な動きができるようになる。

柔軟運動②

伸脚

しんきゃく

SHINKYAKU

誰もが知っている基本の柔軟その2。重心を左右へ寄せ、内転筋群（腿の内側）を伸ばそう。さらに上半身の形が変わらないように意識をすることで中臀筋にも刺激が入る。

動画を
見ながら
稽古！

---

1 足を左右に広げて
まっすぐ立つ

Spread your legs and
stand straight.

2 両手を膝に置き、体を少し前傾
させ片方の膝を曲げていく

Place hands on knees and lean forward
slightly bending the right knee.

3 反対も同様に行う

Do 2 to the opposite side.

上半身が崩れないように注意をする

余裕のあるひとはチャレンジ

1 さらに腰を深く落とす
Lower your body further.

2 反対も同様に行う
Do 1 to the opposite side.

かかとが浮かないようにする

全ての技を育む心得

代償動作を察知する

代償動作とは、何らかの原因で関節の可動域が制限をされ、本来の動作に必要な機能以外の機能で補って行う動作のこと。例えば、足関節や股関節が硬いと、その動きの代償を膝関節で補おうとするが、代償動作で動くことにより特定の関節を痛めやすい上、姿勢も崩れやすくなるので注意が必要である。

柔軟運動③

股割り

またわり

MATAWARI

内転筋だけでなく胸椎の回旋の可動性の向上も狙えるおすすめの柔軟運動。さらに頸椎も回旋させて大きく動く脊柱の回旋を感じよう。

動画を
見ながら
稽古！

1 足を左右に大きく開き、腰を落とす

Spread your legs and lower the waist.

2 手で膝を外に押し出しながら上半身をひねる

Push out the right knee with the right hand and twist the upper body.

3 反対も同様に行う

Do 2 to the opposite side.

肩がすくまないようにする

耳と肩は遠ざけるようにする

胸の中心から大きくねじるようにする

NG

肩だけが前に入る

余裕のあるひとはチャレンジ

首をひねり天井を見るような形をする

全ての技を育む心得

背骨の動きを理解する

背骨（脊柱）は7個の頸椎、12個の胸椎、5個の腰椎の24個の椎骨に仙骨、尾骨が加わり構成され、それぞれをつなぐ関節で可動域も異なる。それらもどのように動かすか考えながら動くことで、より緻密で崩れのない動きが可能になる。

柔軟運動④

前屈
ぜんくつ
ZENKUTSU

腿裏・ふくらはぎの筋肉を伸ばす柔軟運動。腰の骨が曲がらないように気をつけて、お尻の付け根から足裏全体にかけて伸びを感じよう。

動画を
見ながら
稽古!

1 足を腰幅に開き、
上体を前に倒す

Stand with your feet shoulder
width apart and bend forward.

2 無理のない範囲で指先
を床に近づける

Bring fingertips closer to
the floor.

股関節(足の付け根)から折るようにする

もも裏の伸びを感じる

腰は伸ばすようにする

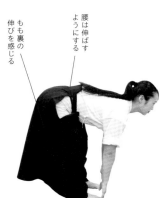

NG

腰だけが大きく
曲がる

余裕のあるひとはチャレンジ

さらに体を前に倒し、
すねにおでこを
近づける

首の後ろも伸ばすようにする

全ての技を育む心得

骨盤と腰椎の関係性を考える

骨盤と腰椎は深く関係をしながら動く。例えば、前屈をする際、骨盤の前傾と腰椎の屈曲は一定のリズムで連動して行われるが、一方に制限がかかる状態でそれを行うと大きな動作が出来ない上、腰痛などの原因にもつながる。

基礎鍛錬①

一文字腰

いちもんじごし
ICHIMONJIGOSHI

居合道における姿勢すなわち腰のとり方を育む上での有効な鍛錬方法。

動画を
見ながら
稽古！

1 足を左右に大きく開き、
姿勢をとる

Spread the legs and straighten
the back.

2 腰の状態を保ちながら
腰の位置を下に落とす

Lower the waist maintaining
the posture.

NG

上体が前傾したり
後傾したりする

両足の間に
腰がくるイメージ

出来るだけ腿が
床と平行になるように

全ての技を育む心得

腰の形を保つ意識を持ち続ける

腰を落とす際には、「膝を曲げる」という動きではなく「腰で腰を下げる」という「腰による動作」として行う。そのように行わないと身体が居ついて動けない状態となってしまい、技を発揮することなできなくなる。

基礎鍛錬②

居合腰
いあいごし
IAIGOSHI

腰のとり方を育む鍛錬方法その2。重心が前後左右に偏らないよう動くことに注意をする。

動画を見ながら稽古！

1 足を前後に開き姿勢をとる

Open the legs back and forth
and straighten the back.

2 腰の状態を保ちながら腰の位置を下に落とす

Lower the waist maintaining
the posture.

NG

上体が前傾したり左右に傾いたりする

軸の位置は保つ

かかとは浮かせてOK

出来るだけ左右の膝の角度が直角になるようにする

全ての技を育む心得

全身の動きを意識する

腰を落とす動作は、ともすれば足を中心にした下半身の筋力に頼り行う形となりやすい。目指すのは、腰の取り方や動かし方を深めること。腰を中心とした全身の動きとなるように心がける。

基礎鍛錬③

そんきょ
SONKYO

腰を下ろしていく中でかかとを上げ、上体の
姿勢をまっすぐ取り重心を安定させる。

動画を
見ながら
稽古！

1 足を腰幅に開き、姿勢をとる

Stand with your feet shoulder width
apart and straighten the back.

2 膝を外に向けながら腰を落とし、
その状態で姿勢を保つ。

Lower the waist opening knees
and maintain the posture.

両かかとは出来るだけつける

全ての技を育む心得

腰を落とすことで姿勢が崩れにくくなる

正しく腰を落とした形をとると、身体はより崩れにくい状態となる。それは決
して力んで踏ん張ったものによるものではなく、むしろ柔軟で自由に動くこと
のできる姿勢である。

基礎鍛錬④

膝行

しっこう

SHIKKOU

膝をついて身体を移動させる体さばき。神前や貴人の前において立ち上がらずに移動する方法でもある。

動画を
見ながら
稽古！

1 腰を落とし、
右膝を立てる

Lower the waist and
stand the right knee.

2 中心軸を少し前に出し、
右膝をつく

Move the central axis forward lightly
and put the right knee on the floor.

3 左腰を入れ左膝を立てる

Push forward the left side of the
waist and stand the left knee.

両かかとは
出来るだけつける

4 中心軸を少し前に出し、
左膝をつく

Move the central axis
forward slightly and put
the left knee on the floor.

5 右腰を入れ右膝を立てる。
1~5 を無理のない範囲で
数回繰り返す

Push forward the right side
of the waist and stand the
right knee, and repeat 1-5.

全ての技を育む心得

体さばきによる移動を心がける

技の動きにおいて、身体を前後左右に移動させる際は、体さばきにより行うという意識が必要になる。身体の移動というと、特に座った姿勢などの場合、一方の足に体重が乗り行われることが多いが、体さばきを腰を中心に行うことで全身がまとまった形で動くことが出来る。

体さばき①

腰の落とし
こしのおとし
Lower the waist

体さばきの基本。姿勢を保ちつつ、腰の位置を腰により下げていく。単なる膝の曲げ伸ばしにならないように注意。

動画を
見ながら
稽古！

1 まっすぐ立ち姿勢をとる

Stand straight and straighten
the back.

2 腰の状態を保ちながら
腰の位置を下に落とす

Lower the waist maintaining
the posture.

SIDE

全ての技を育む心得

前傾にならにように腰を落とす

腰を落とす際に身体が前傾になってしまう場合が多いが、それでは体が崩れた状態となってしまうので注意。自身に軸としての垂線（中心軸）がしっかりとあることを意識しつつ、静かに腰で下るようにする。

体さばき②

腰の入れ
こしのいれ

Push forward the waist

左あるいは右の腰を前にいれていく
ことで、身体を右前または左前の一重
身（相手に側面を見せた状態）へ変化
をさせる。

動画を
見ながら
稽古！

1 姿勢をとり、
腰を軽く落とす

Stand straight and lower
the waist.

2 右腰を入れ右身を入れた
状態にしていく

Push forward the right side of
the waist and remain in the
position.

3 左腰を入れ左身を入れた
状態にしていく

Push forward the left side of the
waist and remain in the
position.

全ての技を育む心得

腰は一直線に入れる

腰を入れる動きは腰を捻ったり回したりする動きになりやすい。決して回す動きに
ならないよう、直線で入れる意識が必要になる。その際、脇下から足の付け根までが
一枚岩（板のような大きな岩）になったような感覚で捉えると良い。
いちまいいわ

体さばき③

腰の入れ −足前後−

こしのいれ　あしぜんご

Push forward the waist with one foot forward and the other backward

足を前後に開くことで、より大きく腰を前に入れていくことができるようになる。腰を回す動きにならないように注意。

右足前　The right foot forward

1 右足を前に足を前後に開き、姿勢をとる

Open the legs with the right foot forward and the left foot backward and straighten the back.

2 右足は前のまま左腰を入れ、左身を入れた状態にしていく

Push forward the left side of the waist with the right foot forward, and remain in the position.

3 右腰を入れる。2.3を繰り返す。

Push forward the right side of the waist, and repeat 2 and 3.

全ての技を育む心得

後ろ足の伸び

腰を大きく前に入れる時、原則として後ろ足の膝を伸ばす形となる。それにより腰が大きく入ることによりかなう形となる。またその際、後ろ足のかかとが上がらないようにしていく。

動画を
見ながら
稽古！

左足前 The left foot forward

1 左足を前に足を前後に
開き、姿勢をとる

Open the legs with the left
foot forward and the right
foot backward.

2 左足は前のまま右腰を入れ、
右身を入れた状態にしていく

Push forward the right side of the
waist with the left foot forward,
and remain in the position.

3 左腰を入れる。
2.3を繰り返す。

Push forward the left
side of the waist, and
repeat 2 and 3.

左右の腰の高さを保つ

足を前後に開いた状態での体捌きは、ともすれば腰のひねりになりやすい。正しく
腰を入れた結果、左右の腰の高さが同じになっているかどうか確認をする。

体さばき④

中心軸の移動

ちゅうしんじくのいどう

Move the central axis of the body

自身の中心を通る垂線を前後左右に動かして
いくことで身体を移動させる。
どちらかの足に体重が乗らないよう深く意識
を持ち続ける。

前
Forward

1 姿勢をとり腰を落とす
Stand straight and lower the waist.

2 腰を立てた状態を保ち前へ移動する
Move forward maintaining the posture.

後
Backward

1 姿勢をとり腰を落とす
Stand straight and lower the waist.

2 腰を立てた状態を保ち後へ移動する
Move backward maintaining the posture.

全ての技を育む心得

床を踏まない意識

中心軸を移動させる際に陥りやすいのが、一方の足で床を蹴り、体を移動さ
せること。床は強く踏まないように心がけ、「薄い氷の上にいる状態でそれを
割らないように動くこと」を意識する。

動画を
見ながら
稽古！

左
To the left

1 姿勢をとり腰を落とす
Stand straight and lower the waist.

2 腰を立てた状態を保ち左へ移動する
Move to the left maintaining the posture.

右
To the right

1 姿勢をとり腰を落とす
Stand straight and lower the waist.

2 腰を立てた状態を保ち右へ移動する
Move to the right maintaining the posture.

腰が上がらないように移動をする

移動においては腰の高さを保つようにも意識をする。基本的には上に上がり
ながら動くということにならないようにする。足で動くほど腰が上にあがり、
身体が崩れた状態になってしまうので注意。

体さばき⑤

腰の入れ −足つき−

こしのいれ　あしつき

Pushing forward the waist to lead steps

腰の入れと中心軸移動の併せ技。腰を前後に入れつつ中心軸を前後へと動かし、それに足を伴わせる。

---

1 右身が入った状態で姿勢をとる

Push forward the right side of the waist and stand straight.

2 左腰を入れ腰を立てた状態を保ちながら体を前に出す

Move forward pushing forward the left side of the waist lightly and maintaining the posture.

3 脚が揃ったら

Align both feet.

全ての技を育む心得

足の踏みこみの心得

足を前に踏み込む動きもやはり体さばきにより行う。その際、例えば右腰を入れつつ全身を前に移動させていけば、それらの動きにより右足が前に運ばれる。

4 右腰を引き始め、
身体を後ろへ引く

Draw the right side of the waist
and move the body backward.

5 左身を入れた状態になったら、
1〜5の左右反対の手順で数回繰り返す

Push forward the left side of the waist
and repeat 1-5 in the opposite stance.

足の引きの心得

足を後ろに引く動きも体さばきにより行う。例えば右腰を後ろに引く際には、その引きの動きを右足のかかとに伝えていくことで右足が後ろに伸びていく流れを作る。

＼ 各界のアスリートも体験！ ／

刀を扱う武道・居合道における身体の使い方

日本での緊急事態宣言が始まる少し前のこと。縁あって、様々な競技・スポーツで活躍をされるアスリートの皆様に居合道を体験して頂く機会がありました。当日は居合刀を使った型稽古に加え、竹刀を使った剣術にも挑戦して頂きました。競技やスポーツにより体の動かし方が異なることはもちろんですが、刀を扱う武道とそうでない世界の身体の使い方にも大きな違いがあることを再認識をしました。

かつて、野球界のレジェンドの王貞治さんもスウィングに活かすべく学んでいた刀を扱う動き。これからも様々な世界の方に居合道を体験して頂きながら、その有効性や実用性を探求していきたいです。

▶現在、世界ランク4位の総合格闘家・渡辺華奈さんと兄・将さんの兄妹対決。力強い剣術は竹刀が折れそうな迫力でした。

◀リオオリンピック柔道銅メダリストの中村美里さん。腰の据わった体捌きは流石でした。

◀映画にMVに大活躍のスタントウーマン・伊澤彩織さんとの抜きあわせ。早く一緒に山籠りしよう。

▲スパルタンレーサー・佐藤美智子さん、ポールダンサー・keikoさんも加えて6ショット。これからもたくさんいろんなことをして皆で遊びたい。

▲オンライン講座『おうちで居合道』もご体験。個性あふれる道具で稽古を受けて下さいました。

体の動きを刀に伝える

**Practical training:
Convey body
movement to sword**

実践編

いよいよ刀を使った稽古に突入！
素振り、型稽古を通じて体の動き
を刀に伝える感覚を育もう。

CHAPTER 3

基礎動作①

抜刀
ばっとう
Draw the sword

型の中に必ず含まれる刀を抜く動き。いかに手を使い行わないかが全ての技に通じる動きの土台を育む。

動画を見ながら稽古！

1 腰を落とし刀に手をかける

Lower the waist and hold the sword.

2 右腰を入れて抜き出し

Push forward the right side of the waist and draw the sword.

3 入れた右腰を戻し、右手の小指をしめ、剣先を抜き出す

Pull the right side of the waist back, draw the tip of the sword and tighten the hold of a little finger of the left hand.

中心軸の正面にくるようにする

全ての技を育む心得

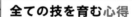

抜き出しの体さばき

刀の抜き出しは原則右腰を前に入れていく動きにより行う。その際、右腕を使わない心得を強く持つ。腰を中心にした体さばきからこそ全身が大きく動き刀もスムーズに抜くことができる。

基礎動作②

納刀

のうとう

Return the sword

型の中に必ず含まれる刀を納める動き。ただ刀を鞘に納めるだけの動きにならないよう体さばきを深く意識する。

1 鞘と刀を立てる

Stand the sword and the sheath.

2 刀を寝かせ、峰側を鯉口を握った左拳に乗せる

Lay the back of the sword on the left fist holding the mouth of the sheath.

3 左腰を引き、剣先を鯉口に入れる

Draw the left side of the waist and insert the tip of the sword into the mouth of the sheath.

4 左腰を入れ、刀を納める

Push forward the left side of the waist and return the sword.

右拳の位置を出来る限り変えない

全ての技を育む心得

鯉口の握りはしっかりとる

納刀においてはまず左手にて鞘の入り口（鯉口）を握るが、この時、人差し指と親指で鯉口の断面を縁取るようにとり、さらにその上で人差し指と親指の間隔を狭めるようにとる。

素振り①

直

じき

stroke -ZIKI-

基本の真っ向の斬り下ろし。
無駄な力みをいれず、刀の持つ重さを生かそう。

動作を動画で
チェック！

1 右足前で姿勢をとり、
両手で刀を構える

Put the right foot forward and
take a swing stance with
both hands.

2 腕の形を変えないよう
に振りかぶり

Raise the sword with the
form of arms fixed.

3 腰ならびに手の内を
入れて斬り下ろし

Push forward the right side of the
waist and cut down with tightening
the hold of both hands inward.

左右へ流れない

後ろ足が伸びるようにする

全ての技を育む 心得

刀の握りと手の内

手の内とは、手のひらの中の微妙な動きのことを示す。刀の握りにおいては、
基本的には右手が上、左手が下となり、その上で小指中心の握りとなる。さら
に斬りつけにおいては両拳を内側に絞るような手の内を入れ、体さばきを刀
に伝えてきめていく。

素振り②

直 片手

じき　かたて

**stroke -ZIKI
with one hand-**

片手の握りによる真っ向の斬りおろし。

動作を動画で
チェック！

1 右足前で姿勢をとり、
片手で刀を構える

Put the right foot forward
and thrust the sword with
the right hand.

2 腕の形を変えないよう
に振りかぶり

Raise the sword with the
form of the right arm fixed.

3 右腰ならびに手の内を入れ、
斬り下ろし

Push forward the right side of the
waist and cut down tightening the
hold of the right hand inward.

左右へ流れない

後ろ足が伸びるようにする

全ての技を育む 心得

片手斬りの手の内

片手で持つ際においても小指中心の握りとなり、その上で斬りつけにおい
ては、体さばきとともに小指の握りを一段と深めつつ、拳を内側に絞る動き
を行う。

素振り③

順
じゅん
stroke -JUN-

型の中でも多用される右上からの斜め斬り。
角度は45°が基本となる。

動作を動画で
チェック！

1 右足前で姿勢をとり、剣先を
斜め45° 右へ傾け刀を構える

Put the right foot forward and take a
diagonal swing stance at 45 degrees.

2 刀の角度を保ちながら
45° 右上に振りかぶり

Raise the sword to the upper
right at 45 degrees.

3 右腰を入れ、
45° の斬り下ろし

Push forward the right side
of the waist and cut down
diagonally at 45 degrees.

脇が開きすぎない

一直線に斬り下ろす

全ての技を育む 心得

刀の角度について

斜め斬りの角度には15°と45°があるが、45°の斬りつけにおいては、肩の高
さでもっとも伸びがきまるようにする。45°の太刀筋は体の動きが最もよく刀
に伝わる角度である。

素振り④

逆

ぎゃく

stroke -GYAKU-

左上からの45°の斬りつけ。
腕が交差する状態で技を発揮する。

動作を動画で
チェック！

1 左足前で姿勢をとり、剣先を
斜め45° 左へ傾け刀を構える

Put the left foot forward and take a
diagonal swing stance at 45 degrees.

2 刀の角度を保ちながら
45° 左上に振りかぶり

Raise the sword to the
upper left at 45 degrees.

3 左腰を入れ、
45° の斬り下ろし

Assume the zanshin
stance with lowering the
sword.

脇が開きすぎない

一直線に斬り下ろす

全ての技を育む 心得

逆の斬りつけにおける体さばき

左側からの太刀筋となる逆の斬りつけにおいては、順の斬りつけの時よりも
大きく腰を前にいれていく必要がある。そのようにしなければ刀を相手に到
達させることはできないからである。

素振り⑤

順逆

じゅんぎゃく

stroke -JUNGYAKU-

順と逆の素振りを交互に行う稽古方法。
どちらの太刀筋も45°の角度で行われるようにする。

1 右足前で姿勢を
とり、刀を構える

Put the right foot forward
and take a diagonal
swing stance.

2 右の手の内を入れ
剣先を左下に
落とし始める

Turn the right hand inward
and lower the tip of the
sword to the left.

3 腰を軽く落とし
左腰を少し入れつつ
振りかぶり

Lower the waist slightly, push
forward the left side of the
waist slightly and raise the
sword to the upper left.

4 左腰をさらに 入れ、
逆45°の斬り下ろし

Push forward the left side
of the waist further and
cut down diagonally
at 45 degrees.

太刀筋は常に45°に保つ

後ろ足が伸びるようにする

全ての技を育む心得

体さばきを刀へ伝える手の内

手の内の役割としてのもっとも大きな点として、体さばきを刀に伝えていくことをあげることができる。その役割を踏まえた上で鍛錬を繰り返し、体さばきと手の内の関係性を深めなくてはいけない。

動作を動画で
チェック！

5 左の手の内を入れ 剣先を左下に落とす

Turn the left hand inward and lower the tip of the sword to the right.

6 腰を軽く落とし 右腰を少し入れつつ 振りかぶり

Lower the waist slightly, push forward the right side of the waist slightly and raise the sword to the upper right.

7 右腰をさらに入れ、 順45°の斬り下ろし

Push forward the right side of the waist further and cut down diagonally at 45 degrees.

太刀筋は常に45°に保つ

後ろ足が伸びるようにする

中心軸と接点を考えたきめ方

刀で相手に斬りつけをきめた際、刀と相手との接点が自身の中心軸の前に来るようにする。つまり相手から見た時、接点とこちらの中心軸が一直線上になる。これにより中心軸に裏打ちされた強力な一撃が生まれていく。

型稽古

順抜
じゅんぬき
JYUNNUKI

正面から刀を抜き迫ってくる相手に対して、左前の一重身になりながら横一文字の抜きつけを行う。
その上で、真っ向からの斬りつけを相手の拳へきめて勝つ。

Deliver a horizontal stroke with moving the left foot forward against an opponent approaching with raising the sword. Additionally, deliver a straight stroke on the fists of the opponent.

1 姿勢をとる

Assume the posture.

2 腰を落とし、刀に手をかける

Lower the waist and hold the sword with the right hand.

3 右腰を入れ、刀を抜き出す

Push forward the right side of the waist and draw the sword.

4 左腰を入れ、横一文字の斬りつけ

Push forward the left side of the waist and deliver a horizontal stroke.

肩を上げない

下からかける

自分の中心にくるようにする

全ての技を育む心得

刀に下から手をかける動きが正しい握りを導く

刀に手をかける際、両手を下から上にあげてきて、なおかつ右手に関しては指先を上にむけつつ手のひらで少し柄をこすりあげるようにしてかけていく。それによって以降の正しい握りが導かれる。

この技の 学びドコロ

正面へ対して左腰・右腰の両方を直線で入れる基本の型。横の抜きつけと真っ向の斬り下ろしで入れる腰が異なることを意識して行う。

動画を
見ながら
稽古！

5 右腰を入れ、
真っ向の振りかぶり

Push forward the right side of
the waist and raise the sword.

6 さらに右腰を入れ
（左腰をひき）、
真っ向の斬り下ろし

Push forward the right side of the
waist further drawing the left side
and cut down straight.

7 残心（逆の下段の構え）
の構えをとる

Assume the zanshin stance with
lowering the sword.

腰の高さが変わらない

後ろ足が伸びるようにする

重心を下へ下げる

抜きつけで小指を締める

剣先を鞘から出しつつきめる抜きつけでは、柄を握る右手の小指を締めをその
瞬間にきかせることが重要になる。その時、必要に応じて刃の向きを変えるこ
とも行っていく。

順抜　じゅんぬき

8 納刀の要領に従い刀と鞘を立てる

Stand the sword and the sheath as the way to return the sword.

9 峰側を拳に乗せた後、右腰を入れ剣先を鞘に入れる

Put the back of the sword on the left fist and insert the tip of the sword into the sheath.

10 左腰を入れ刀を納める

Push forward the left side of the waist and return the sword.

右拳の位置を出来る限り変えない

抜刀と納刀は表裏一体

刀を抜き出す動作と納める動作はともに右腰を前に入れる体さばきによって行っていく。その意味では刀を抜く、納めると目的は真逆の行為になるが、体の使い方においては違いがないようにしていく。

JYUNNUKI

11 右腰を入れる動きで
右足を前に出し、
両足を揃える

Put the right foot forward
pushing forward the right side of
the waist and align both feet.

12 右手を外す

Lower the right hand.

13 左足から一歩さがり、
左手を外す

Move the left foot
backward and lower the
left hand.

体が正面をむく

型の動きはゆっくり等速度に育む

型の稽古に取り組む上で各々の動きにおいては、ゆっくりであること、そして等速度であることを心がける。体さばき主体の動きにより、一つの動きにおいて途中で早くなったり遅くなったりというようなことはないようにする。

型稽古

有残

うざん
UZAN

正面から刀に手をかけ迫ってくる相手に対して、右前の一重身になり刀を抜き出した後、左前の一重身になりつつ相手の右拳へ斬りつけて勝つ。

Put the right foot forward, draw the sword and deliver a diagonal stroke with the left foot forward on the right fist of an opponent approaching with a sword from the front.

1 姿勢をとる

Assume the posture.

2 腰を落とし、刀に手をかける

Lower the waist and hold the sword.

3 右腰を入れ、刀を上方向に抜き出す

Push forward the right side of the waist and draw the sword upward.

肩を上げない

下からかける

中心軸の正面にくるようにする

全ての技を育む心得

腰を入れる方向を自在に操る

有残においては腰は正面よりも少し内側に入れる。それにより、より深く腰を入れることができるようになるのである。

この技の 学びドコロ

腰を内側へ入れつつ大きく体さばきを行う。正面以外に腰を入れる方法を深めよう。

4 左腰を入れ、剣先を左上に送る

Push forward the left side of the waist and raise the sword to the upper left.

5 さらに左腰を入れ、30°の逆の斬りつけ

Push forward the left side of the waist and deliver a diagonal stroke at 30 degrees.

6 残心（逆の下段の構え）をとる

Assume the zanshin stance lowering the sword.

左手は下からかける

後ろ足が伸びるようにする

重心を下へ下げる

以降、順抜と同じ手順で納刀を行う。

深い集中を欠かさない残心

斬りつけの後で行う残心においては、右の手の内を入れて下段の構えとなり、正面から見て自分の身を守った形となる。この時、腰を深く落とし、集中力が持続した状態になることが大事。

型稽古

打止

うちどめ
UCHIDOME

正面から刀を抜き迫ってくる相手に対し、右前になりつつ刀を抜き出した後、左前になりながら斬り上げ。その上で右上からの斜め斬りで相手の右拳へ斬りつけて勝つ。

Against an opponent approaching with a sword from the front, put the right foot forward, draw the sword and swing it from below. Additionally, deliver a diagonal stroke from the upper right with moving the right foot forward on the right fist of the opponent.

1 姿勢をとる

Assume the posture.

2 腰を落としつつ上体を前傾させ、刀に手をかける

Lower the waist, bend forward and hold the sword.

3 右腰を入れ、刀を抜き出す

Push forward the right side of the waist and draw the sword.

4 上体を起こしつつ左腰を入れ、斬り上げ

Push forward the left side of the waist standing the upper body and deliver a diagonal stroke from below.

肩を上げない

刀は左方向に倒す

中心軸の正面にくるようにする

全ての技を育む心得

上体の状態を崩さずに前傾する

前傾の姿勢をとった時、腰が曲がってしまうことがないように心掛ける。さらにその上で前傾から体を起こす動きにおいては反動を一切使わずに腰によってゆっくりと起こすように行う。

この技の 学びドコロ

体を前傾させる抜き出しならびに直立の姿勢に戻る抜きつけの中でいかに姿勢を崩さないか注意をしよう。

動画を
見ながら
稽古！

5 右腰の入れとともに
右足を踏み込み、振りかぶり

Put the right foot forward with pushing forward the right side of the waist and raise the sword.

6 さらに右腰を入れ、
45°の順の斬りおろし

Push forward the right side of the waist and cut down diagonally at 45 degrees.

7 右腰の引きとともに
右足を後へ下げ、
残心（逆の下段の構え）をとる

Put the right foot backward drawing the right side of the waist and assume the zanshin stance.

後ろ足が伸びるようにする

以降、順抜と同じ手順で納刀を行う。

振りかぶりは胸で行う

振りかぶり、特に順や逆の振りかぶりにおいては、腕の動きにより行われやすい。そうすると、力みや崩れが生じてしまう。それゆえ、胸を使って腕ごと刀を上に上げるように行うことが大切になる。

型稽古

鎮勢
ちんせい
CHINSEI

正面から迫ってくる相手に対して、一度撥草（はっそう）をとった後で振り払う。その後、身を低く沈め脇構えをとり、数回牽制を加えた上で大きく斬り上げる形で打ち込み勝つ。

Raise the sword and stop an opponent approaching with a sword from the front. Lower the body, deliver some strokes and slash diagonally from the bellow.

1 腰を落とし、刀に手をかける

Lower the waist and hold the sword.

2 右腰を入れて抜き出し

Push forward the right side of the waist and draw the sword.

3 左腰を入れ、撥草（右肩上にとった構え）になる

Push forward the left side of the waist and raise the sword to the upper right.

4 右腰を入れ、45°の順の斬りつけ

Push forward the right side of the waist and deliver a diagonal stroke at 45 degrees.

肩を上げない

中心軸の正面にくるようにする

後ろ足が伸びるようにする

全ての技を育む心得

脇構えの意義

さまざまな構えの中でも剣先を後ろに向けた脇構えは、その上で下からの斬り上げを行う上で最も適した構えであるといえる。その際、構えた状態から相手の体のどこにきめていくのか、さらには太刀筋の角度を定めた上で斬り上げを発揮していく。

この技の **学びドコロ**

動画を
見ながら
稽古！

立った姿勢から腰を低く落としていき、膝をついた状態とそうでない状態を繰り返す。低い脇構えの体勢からも、腕ではなく体さばきによる斬りつけを心がけよう。

5 斬った流れで
腰を落とし

Lower the waist
after the stroke.

6 相手を牽制する
ために切り上げる
形をとる

Deliver a stroke from
below to contain an
opponent's attack.

7 5の構えに戻り、
6の動きを
もう一度繰り返す

Return the stance
of 5 and repeat
the movement of 6.

8 左腰を入れて
切り上げ

Push forward the left
side of the waist and
deliver a stroke from
below.

中心軸の正面に
くるようにする

斬り上げも体さばきで行う

下から上に刀を上げて斬りつけていく斬り上げは、手首のスナップになりやすいが、ここにおいても体さばきを重視する。例えば右下からの斬り上げであれば右腰、左下からの斬り上げであれば左腰をそれぞれ入れて発揮をしていく。

型稽古 鎮勢 ちんせい

9 腰を落とし膝をつき、残心（逆の下段の構え）をとる

Lower the waist, put the left knee on the floor and assume the zanshin stance lowering the sword.

10 鞘と刀を立てる

Stand the sheath and the sword.

11 刀の峰側を拳に乗せ

Put the back of the sword on the left fist.

12 左腰をひく動きで剣先を鞘に入れる

Insert the tip of the sword into the sheath drawing the left side of the waist.

腕の形をできる限り変えない

右拳の位置をできる限り変えない

体さばきを育む膝をつけた姿勢での納刀

膝をつけた状態で刀を鞘に納める際には、剣先を鯉口に送るべく右腰を前に入れる時、少し身体を後ろへ下げて行う必要がある。それにより身体を前に崩さずに行うことが重要になる。膝をつけた姿勢は腰の崩れを感じやすい。その利点を生かしてより正しい納刀の動きを育もう。

CHINSEI

13 左腰を入れ刀を納めな
がら、右腰を引き
両膝をつけた姿勢になる

Return the sword into the
sheath pushing forward the
left side of the waist and put
both knees on the floor
drawing the right foot.

14 右手を外し

Lower the right hand.

15 右足から順に膝を立て
立ち上がり、左足から
一歩ずつ後ろへ下がる

Stand up from the right
foot and step back from
the left foot.

16 左手を刀から外す

Lower the left hand.

前に崩れない

重心を偏らせずに立ち上がる

両膝をついた状態から立ち上げる際、重心が前へと崩れやすい。右膝を立
て立ち上がる際は、右つま先が左膝から出ないようにすること、またその上
で片方の足に体重を乗せすぎないよう足を腰で引き上げる必要が出てくる。

型稽古

開抜

ひらぬき
HIRAKINUKI

互いに正座の状態で、刀を抜き出して迫ってくる相手に対し刀を抜き出し、体勢を低くさばきながら剣先を相手の前足に突きつける。その上で、真っ向から相手の右拳に斬りつけをきめ勝つ。

In a situation of sitting face to face with an opponent, thrust the sword from the lower stance to the opponent approaching with a sword and deliver a straight stroke on the right fist of the opponent.

1 正座の状態から
刀に手をかける

Hold the sword sitting in a kneeling position.

2 右腰を入れ、
刀を抜き出す

Push forward the right side of the waist and draw the sword.

3 左腰を引きつつ
上体を倒し、
横一文字の斬りつけ

Bend forward drawing the left side of the waist and deliver a horizontal stroke.

肩を上げない

中心軸の正面にくるようにする

肘が膝よりも低くなる

全ての技を育む心得

深い前傾姿勢からの起こし

前傾した状態から直立した体勢に戻す際には、身体を崩さないために、胸を反り勢いづけることはせずに、ゆっくりと腰で上半身を起こすが、加えてこの時には、上半身の無駄な力みも入りやすいので、そのことも十分にふまえて動作を行う。

この技の 学びドコロ

前傾した抜きつけの状態から、体勢を直立に戻しつつ技をきめて行く。
座った姿勢だからこそ足に頼らず前へ移動をする体さばきが育める。

動作を動画で
チェック！

---

4 左腰を入れ
上体を起こしつつ、
真っ向の振りかぶり

Push forward the left side of
the waist standing the upper
body and raise the sword.

5 右腰を入れ真っ向の
切り下ろし

Push forward the right side
of the waist and cut down
straight.

6 残心（逆の下段の構え）
をとる

Assume the zanshin stance
lowering the sword.

真っ直ぐ振りかぶる

中心軸の正面に
くるようにする

以降、鎮勢と同じ手順で納刀を行う。

斬りつけの中の踏みこみ

足を踏み込みながらの斬りつけにおいては、踏みこみ動作を足だけの動きとして行うと身体は崩れてしまい技がきまらない。腰の入れならびに中心軸を前方に移動させる動きにより足の踏み込みを行い、正確な太刀筋を発揮する。

車返
くるまがえし
KURUMAGAESHI

自分の右側から攻撃を仕掛けてくる相手に対し、小さく立てた右膝の膝下から柄を握り、右を向きながら横一文字の斬りつけ。さらに右足を踏み込みながら振りかぶり、真っ向の斬りおろしで勝つ。

Stand the right knee lightly, hold the sword under the knee, and deliver a horizontal stroke turning around to the right to an opponent attacking from the right side. Additionally, cut down straight stepping the right foot forward.

1 正座をした状態から、右方向に目付けをしつつ左手を刀にかける

Sit in a kneeling position staring to the right and placing the left hand on the sword.

2 右膝を小さく立て、立てた膝の下から柄に手をかける

Stand the right knee lightly and hold the sword under the knee.

3 右腰を入れつつ腰を前方に運び、刀を抜き出す

Move the waist forward pushing forward the right side and draw the sword.

肩を上げない

下からかける

左足のつま先を右足の土踏まずにつける

全ての技を育む心得

腰の高さを変えずに足の踏み換えを行う

中腰の状態での足の踏み換えにおいては、腰が上に上がらないよう意識をする。さらには身体が左右にぶれないことなどが求められるが、それもすべて体さばきで行うことにより可能となる。

この技の 学びドコロ

動画を
見ながら
稽古!

正座の状態から右側に大きく向きを変えながら技を発揮する。
足を使いにくい状況の中で体さばきをより確かに育む。

4 左腰を入れ、
横一文字の
斬りつけ

Push forward the left
side of the waist and
deliver a horizontal
stroke.

5 右腰を入れ足を揃
えつつ振りかぶり

Align both feet pushing
forward the right side of the
waist and raise the sword.

6 左腰を引きながら
真っ向の切り下ろし

Draw the left side of the
waist and cut down
straight.

7 残心 (逆の下段の構え)
をとる

Assume the zanshin stance
lowering the sword.

中心軸の正面にくるようにする

以降、鎮勢と同じ手順で納刀を行う。

斬りつけのおさまり

斬り下ろしにおいては、力みや崩れのない確かな太刀筋として、動きと静止
にメリハリが出てくる。それゆえに斬り下ろしにおいては、結果として放たれ
た刀がピタリと止まる形できまることを目指していく。

型稽古

押抜

おしぬき
OSHINUKI

左側から腰をついてくる相手の武器を刀を抜きつつ下に押し付け、そこから中取りをしてすくい上げる。
その後、再び迫ってくる相手の打ち込みを受けるとともに巻き落とし、相手の腹部へ突きを加え勝つ。

Push down an opponent's stroke from the left side with your sword drawn from the sheath. Lift it up on your sword with the left hand supporting the back. Turn it down clockwise and pierce the stomach of the opponent.

1 正座をした状態から、左方向に目付けをしつつ左手を刀にかける

Sit in a kneeling position staring to the left and placing the left hand on the sword.

2 上体を前傾させ、左手で刃の向きを下へ返しつつ右手をかける

Bend forward and hold the sword with the right hand with the edge of the sword turning down.

3 左腰ならびに体全体を後へ引き、刀を抜き出す

Push forward the right side of the waist and draw the sword.

4 左腰を入れ、中取り（刀身の峰側から手をかけた形）をとる

Push forward the left side of the waist and place the left hand on the back of the sword

肩を上げない

両つま先は立てる

右膝を立てていく

全ての技を育む心得

抜刀と同時に行う中取り

新陰流の中には抜刀すると同時に中取り（刀身の峰側から左手で挟みとった形）をした状態になる場合があるが、これはまず剣先を左手の人差し指と親指で挟むように取り、外側に流しその上で峰側をつたいつつ左手で挟むという手順をとる。

この技の 学びドコロ

膝をつけた状態から体を後ろに引き抜刀をしていく。
大きく中心軸を引く中でも勢いづけた動きにならないよう注意。

動画を
見ながら
稽古！

5 左腰を入れつつ立ち上がり、すくい上げる形をとる

Push forward the left side of the waist and raise the sword.

6 巻き落とす動きをする

Turn down the sword clockwise.

7 左腰を入れ突き

Push forward the left side of the waist and thrust the sword.

8 腰を落とし膝をつき残心（逆の下段の構え）をとる

Push forward the left side of the waist and thrust the sword.

右拳が低くならないようにする

後ろ足が伸びるようにする

以降、鎮勢と同じ手順で納刀を行う。

刀の斬り込みは受け止めるのではなく受け崩す

新陰流においては原則として相手の斬りこみを刀でがっちりと受け止めるということは行わない。受け止めているように見える動きも、その後即座に体さばきにより巻き落とすなどの崩しを行う必要がある。

コラム③　Column 3

オンライン講座「おうちで居合道」で学ぶ！
言葉の壁を超える武士道精神

オンライン講座「おうちで居合道」の誕生から今日まで、国内外問わずさまざまな方に居合道を体験して頂きました。その内容は、身体の動かし方や刀の扱い方だけではなく、それを学ぶ精神性や武道の歴史など、日本の侍が大切にしていたことも深めることが出来るものとなっています。

本来なら出会えなかった方々とも稽古が出来ました。拙い英語での指導のもと、世界各国の皆さんと一緒に同じ型に取り組んだ瞬間は大変嬉しかったのを覚えています。

今では講師も増員の上で開講する定期クラスも増え、多くの方々と共に居合道を学んでいます。いつか、皆で集まって稽古がしたいですね。

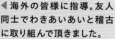

◀海外版講座を始動してからまもない頃に実施したイベントの様子。国籍・年代問わず多くの皆様がご参加して下さりました。

▶生徒さんのお子さんとの個人稽古。時には漢字の勉強もしながら剣の修行に励みます。

◀海外の皆様に指導。友人同士でわきあいあいと稽古に取り組んで頂きました。

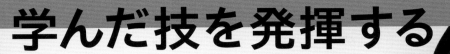

学んだ技を発揮する

Application: Exert learned techniques

第４章

応用編

画面の相手に合わせて行う「リモート組太刀」を通じて、これまでの学びの成果を発揮する鍛錬をしよう。ポイントは相手の動きをしっかり見切ること。がむしゃらな動きにならないように注意しよう。

CHAPTER 4

組太刀

付打

つけうち

TSUKEUCHI

相手が拳を狙って斬りつけてきたところを、順にとった刀を左上にあげ相手の刀を撥ね上げ、反撃をしてこようとするところをつけ打ちで制する

Against an opponent trying to slash at your fists, strike up the opponent's sword to the upper left with the right foot forward. Contain the opponent's next attack with a diagonal stroke.

1 お互いに順に構える

Be face to face with an opponent and hold the sword diagonally to the right with the right foot forward.

実際のイメージ

2 相手が振りかぶる中、構えたまま待つ

Wait for the opponent raising a sword.

実際のイメージ

全ての技を育む 心得

相手の打ちを生かす

新陰流においてはまずは相手に打ち込みをさせることを目指し、その上で相手の動きを生かしつつこちらの技をきめていく。

3 左拳を順に打ってくるのに対し、
右腰を入れつつ両手を左上に上げ撥ね上げ

Against the opponent attacking your left fist, strike
up the opponent's sword to the upper left pushing
forward the right side of the waist.

4 すぐさま右へ踏みこみ
右腰を入れて相手の右拳へ打ち込む

Step to the right quickly and hit the right fist
of the opponent pushing forward the
right side of the waist.

実際のイメージ

実際のイメージ

打ち込みは相手の拳

新陰流では多くの場合、斬りつけは相手の拳や腕を打つ形になる。これは相手
の命をとらないためでももちろんあるが相打ちを防ぐためのことでもある。

反手
そりて
SORITE

相手が刀を大きく横にまわしなぐように腕に斬りこんでくるのに対し、体さばきで順を逆に変化させつつ相手の刀を打ち止め、さらに今度は逆を順に変化させた太刀筋で相手を打つ

With an opponent delivering a big horizontal stroke from the right, stop it with the sword switching the stance from the right to the left. Additionally, strike the opponent switching the stance from the left to the right.

1 お互いに順に構える

Be face to face with an opponent and hold the sword diagonally to the right with the right foot.

実際のイメージ

2 手が振りかぶる中、構えたまま待つ

Wait for the opponent raising a sword.

実際のイメージ

全ての技を育む心得

相手の打ちを崩す

相手が打ち込んでくるところにこちらの刀をあわせる際には、その相手の打ちこみを崩し、その上で崩れた相手の身体に打ち込みきめていく。

動画を
見ながら
稽古！

3 右腕を逆に打ってくるのに対し、右足前のま
ま左腰を入れて刀を逆に返し打ち止め

Against an opponent striking your right arm from the left,
strike back the sword of the opponent pushing forward
the left side of the waist and the right foot forward.

実際のイメージ

4 右腰を入れて相手の右拳へ打ち込む

Hit the right fist of the opponent pushing
forward the right side of the waist.

実際のイメージ

太刀筋の変化は体さばきで行う

太刀筋を順・逆それぞれに変化をさせる場合、手先で変えるようなことは行
わず、体さばきにより行うようにする。全身の発揮として行われる太刀筋の
変化だからこそ、相手の打ち込みを崩すことができるのである。

組太刀

撥上

はねあげ

HANEAGE

下段の逆の構えをとったこちらの拳に大きく打ってくる相手の斬りつけに対して、体さばきにより太刀筋を順に変化させつつ相手の打ちを撥ね上げ、そのまま打ち込みを決める

Hold the sword to the lower left with the right foot forward. Strike up an opponent's stroke on your fists pushing forward the right side of the waist and hit the opponent's arms.

1 相手の順に構えに対し、逆の下段に構える

Be face to face with an opponent and hold the sword to the lower left and the right foot forward.

実際のイメージ

2 手が振りかぶる中、構えたまま待つ

Wait for the opponent raising a sword.

実際のイメージ

全ての技を育む 心得

わざと隙を示し相手の動きを誘う

相手との構え合いおいては、わざと隙を示すなどをして誘いをかけ、相手がこちらの誘いの通りに打ち込んでくるように導いていく。

動画を
見ながら
稽古！

3 右拳を順に大きく打ってくるのに対し、
右腰を入れて刀を順に返しながら上げ
相手の打ち込みを跳ね上げる

Against the opposite striking your right fist from the
left, strike up the opponent's sword pushing forward
the right side of the waist.

実際のイメージ

4 さらに右腰を入れて相手の腕へ打ち込む

Additionally, hit the opponent's arms pushing forward
the right side of the waist.

実際のイメージ

組太刀における目付け

組太刀における目付けは原則居合と同じ方法をとるが、実際に相手がいる
のでその上で相手の手元と中心軸の動きを捉えつつ見るよう心掛ける。
それにより相手の動きに関する全てを把握することができる。

オンライン講座「おうちで居合道」体験してみた！

Experiences of the online class

いざオンライン講座を体験しようと思っても受講の流れや雰囲気が分からないと勇気も出ないもの。そこで、居合道を始めたばかりの「おうちで居合道」のアンバサダーのお一人にオンライン講座の定期クラスを体験して頂きました。

体験したのは
「おうちで居合道」
公式アンバサダー
岡田彩花さん

教えてくれたのは
オンライン講座
「おうちで居合道」講師
鈴木朝子先生

事前にすること

・公式HPから体験の予約をする
・必要な道具を準備する
・使用するデバイスにZOOMをダウンロードする

> 初めてのオンライン受講でドキドキ！

1 講師の出迎え

PCやスマートフォンでZOOMを起動し、事前に指定のあったURLにアクセス。講座前には講師から受講の注意事項などの説明があるのでよく聞いておこう。

> 自分の内側に目を向けましょう

> 集中、集中

2 まずは黙想で心を落ち着ける

講師の導きのもと、黙想に挑戦。普段の忙しさから離れ自分と向き合うことでスッキリとした気持ちで稽古を始めることができる。

> 内ももが伸びる〜！

3 柔軟・基礎鍛錬で身体作り

稽古は体を作るところから始まる。
柔軟や基礎鍛錬を通じて自分の体の状態を知ろう！

4 体さばきで体の使い方を学ぶ

体を使う上で基本の動きとなる体さばき。
足を前後に開いた状態での体さばきはなかなか難しい!

腰で動きましょう

5 刀礼を行い、いよいよ刀を使った稽古へ!

素振りや型稽古を通じて、体さばきを刀へ伝える感覚を育みます。
この日は、数ある型の中から「順抜」と「打止」の稽古を行いました。

前半で学んだ体さばきがここで生きるんだ!

目つけを正しく取りましょう

6 最後は、リモート組太刀にもチャレンジ!

相手が動いていないのに動いてしまうのは禁物。
打太刀の動きをしっかり見切って技を発揮しよう。

＼ 体験をしてみた感想 ／

すごく充実した良い時間になりました! 継続して受講し、上達していきたいです。

深く体の使い方に集中した稽古が出来ましたね。これからも一緒に技を磨いていきましょう!

オンライン講座「おうちで居合道」定期クラス

▌ 水曜クラス（第1～4水曜 20:00～21:00）

▌ 土曜Aクラス（第1・3土曜日 10:00～11:00）

▌ 土曜Bクラス（第2・4 土曜 20:00～21:00）

▌ 木曜クラス（不定期）

他、申込者の希望日時に合わせた個人・グループ稽古も行っています。

詳細・申し込みはこちらから

参加者の声　Voices of the participants

井上きよみさん・朱璃さん・舞昊さん
Tokyo

子育てに行き詰まっていた時に、気分転換も兼ねて自分の時間を持ちたいと思っていたところ、もともと歴史が好きなこともあって習い始めたのが居合道でした。自分の身体や内面にだけ目を向け没頭できる稽古の時間がとても心地良く、私にとって欠かすことの出来ない時間となっています。現在は、オンラインによる「おうちで居合道」と自由が丘教室での対面稽古を週1回のペースで習っていますが、中1と小4の息子たちも、何度か一緒にお稽古に参加させて頂きました。慌ただしい日々の中にあって、自分自身とじっくり向き合う機会を持てることは、息子たちにとっても大事なことだと感じています。武士道を学ぶことで、何事にも動じない精神的な強さを身につけることを1番の目標として、これからも鍛錬を続けていきたいと思っています。

浦川正幸さん
Fukuoka

入門のきっかけは、新陰流協会の前作の本でした。表紙の剣士の静寂な佇まいと深く強い眼差しに惹きつけられました。白土三平さん、山田風太郎さんの作品に登場する柳生の剣士に憧れがあったので、この先生に学びたいと思いました。しかし道場は遠方の関東。距離的に厳しいと諦めかけていたところZOOMでの講座があることを知り、現在オンラインで稽古をつけていただいております。現代人が忘れてしまった武士の技を学び、姿勢や所作も意識するようになりました。また私自身、JBS認定インストラクター・JUSS認定インストラクターとして自主企画でナイフセーフティーやナイフワークをお伝えすることがあるのですが、稽古で学ばせていただいている腰からの起こりを剣先まで伝えていく身体操作は、それらをを深め伝えていく上でもとても良い効果がありました。今後も生涯を通して新陰流を深めていきたいです。

Mr.Rabih Ayoubi
Lebanon

コロナによる隔離が始まった後、居合道のオンライン講座が開始するというお知らせを見つけ、クラスに参加しました。最初のクラスの後、合気道家である私にとって、居合道はとても重要で印象的なものだと感じました。日本の武道が好きだったこと、剣士になることを夢見ていたこと、そして私の国ではそれが不可能だったことから、このコースは私にとって非常に意味のあるものです。また居合道は私に、細部までこだわることが重要であり、私たち一人一人が自分の夢を達成するために忍耐強く粘り強くあるべきだということを教えてくれました。先生とクラスメートの皆さんに感謝しています。私はこのクラスをとても気に入っていて、居合道が好きなすべての人にお勧めしたいです。『おうちで居合道』が末永く続くことを願っています。

Ms. Lucille Jade Galvan
Philippines

私は常々、サムライの規律と技術、そして彼らが守る美徳に感銘を受けてきました。新しいものを学ぶことが好きなこともあり、日本の武道について調べていた時に、インターネットでオンライン講座『おうちで居合道』のことを知りました。パンデミックの時期に、より安全な選択肢であるオンラインで授業が行われるのは、非常にありがたく感じました。講座では、刀の部位や姿勢、構えだけでなく、道着の正しい着方や各技の日本語名や由来も学ぶことができました。また、型稽古をはじめとする居合道の稽古は、深く集中をして行うので、日常の些細なことにも集中できるようにもなりました。先生が女性の居合道習得を推奨されていることにも感銘を受けました。先生が私の国に練習用の脇差を送ってくれた時はとても嬉しかったです。また、世界各地から集まった仲間の存在も魅力的で、クラスがある日を心から楽しみにしていました。この機会に大変感謝しています。

おわりに Afterword

「自分の進む道はこれで合っているのだろうか？」

オンライン講座の開設から今日まで、そんな問答を何度も繰り返しました。

それまで、所属する団体のもとで居合道の指導や発信の活動を行いながらも、自らその幅を拡げることに積極的でなかった私にとって、オンライン講座の開設は随分と大きな挑戦だったのだと思います。

人に何かを発信することはとても責任の要ることです。伝える内容が正しいことはもちろん、受け取った相手にとって害のあるものにならないよう、最大限の配慮をしなくてはいけません。それは、一人で学びを深めている上では持つ必要のない責任です。

自分の行動が正しいという自信が持てず、立ち止まってしまうことも多くありました。

ただその一方で、原動力になったのも、この道を伝えることやめてはいけないという責任－さらに言えば、この道を必要とし学びに来て下さる稽古生の皆さんに対する責任でした。

私の受け持つ稽古では、まず、皆さんと黙想を行ってから修行を始めます。
己と向かい合う時間があることで、自分の進むべき方向も明確になると考えているからです。

「この時間があるから頑張れる」「人生の目標が出来ました」

稽古生の皆さんからそんな声を頂けるからこそ、ここで止まるわけにはいかないと私も前に進むことが出来たのです。

居合道を学び始めた頃、私の師匠がある言葉を教えてくれました。
それは、「天命」という言葉です。

天に与えられた使命。生まれた時から決まっている運命。
この世にある万物全てに意味があり、為すべき役割がある。

多くの武士たちがその考えに基づき行動をし、己の信じた道を歩みました。
そしてまた、そんな彼らの「命をかけて道を追求する精神」に感動をし、私も剣
の道を志しました。

それから早8年。まだまだ道なかばではありますが、より多くの方にその道の存
在を伝えることが、今の自分に与えられた使命なのではないかと思っています。

恐らく、これからもたくさん悩み、葛藤をするでしょう。しかし、どんなに迷って
も遠回りをしても、歩みを止めなければ、その歩みはいつかきっと道になる。
今回の挑戦が、私にそれを教えてくれました。

武士が学んだ武道、居合道。それは、いつでも、どこでも、どなたでも育むこと
のできる生きていくための道です。『おうちで居合道』が、一人でも多くの方が
自分の道を見つけ、前向きに、逞しく生きていく助けとなることを願います。

No matter how future looks uncertain, if you keep moving forward,
that will become a path to bright tomorrow one day.
I hope each of us will walk on own path patiently and positively.

新陰流協会　末岡志保美
Shihomi Sueoka

■ オンライン講座「おうちで居合道」のご案内

いつでもどこでも居合道の指導を受けることができるオンライン講座。道場に通うことが難しい状況でも、パソコン・スマホなどを通じて本格武道を直接講師から学ぶことができます。年齢、性別、運動経験に関係なくどなたでも楽しんでいただくことができます。

また、曜日・時間の定まっている「定期クラス」のほか、個人・グループ単位の希望日時に合わせて行う「個人・グループレッスン」などもありますので、ご自身にとって無理なく取り組んでいくことのできる稽古スタイルを選ぶことができます。

オンライン講座「おうちで居合道」の詳細は、公式HPをご参照ください。

http://www.ouchideiaido.com/

| おうちで居合道 | 検索 |

アートディレクション & デザイン　末岡弥美（Hi-63 Design）
デザイン　高田久紀（hisakidesign）
イラスト　いまいかよ
英訳　明石行雄
撮影　Kenta Takani　山口 弘
ヘアメイク　asano.
実演　末岡志保美　高尾美有（砂岡事務所）　青木洋一
撮影協力　鈴木朝子　岡田彩花（シグマ・セブンフェイス）
協力　E-BOGU　東山堂

おうちで居合道

検印省略　©2021 shihomi sueoka

2021年12月12日　初版 第一刷発行
2023年12月1日　初版 第三刷発行

著　者　末岡志保美
監　修　株式会社ブリッジブック企画　新陰流協会
発行人　手塚栄司
発行所　株式会社体育とスポーツ出版社
　　　　〒135-0016 東京都江東区東陽2-2-20 東京YMCA東陽町センタービル
　　　　TEL 03-6660-3131
　　　　FAX 03-6660-3132

　　　　振替口座　00100-7-25587
　　　　http://www.taiiku-sports.co.jp
印刷所　図書印刷株式会社